D1703732

Danke für die guten Sachen,
die uns satt und fröhlich machen!

Danke für die guten Sachen, die uns satt und fröhlich machen!

TISCHGEBETE

Herausgegeben von Marlene Fritsch

Aller Augen warten auf dich, o Herr,
und du gibst ihnen Speise zur rechten Zeit;
du tust deine milde Hand auf
und erfüllst alles, was lebt,
mit deinem Segen.

PSALM 145,15–16

Alle guten Gaben,
alles, was wir haben,
kommt, o Gott, von dir.
Wir danken dir dafür.

Vater, segne diese Speise,
uns zur Kraft und dir zum Preise.

Wir danken dir, du guter Gott
für unser aller täglich Brot.
Lass uns in dem, was du uns gibst,
erkennen, Herr, dass du uns liebst.

Herr, segne diese Speisen,
die kalten und die heißen,
im Mund und auch im Magen,
dass wir sie gut vertragen.

URSEL SCHEFFLER

Die Erde ist ein großer Tisch

Die Erde ist ein großer Tisch.
Für jeden gibt's zu essen.
Und sorgt an diesem Tisch
nicht jeder nur für sich,
wird jeder satt,
der Hunger hat,
und keiner wird vergessen.

Die Erde ist ein großer Baum
mit vielen frischen Blättern.
Und hat in diesem Raum
ein jeder Luft und Raum,
kann man im Baum,
ihr glaubt es kaum,
noch immer höher klettern.

Die Erde ist ein großes Feld.
Es lädt uns ein zum Leben.
Wir sind in dieses Feld
von Gott hineingestellt,
dass alles treibt
und wächst und bleibt,
so wie es Gott gegeben.

Die Erde ist ein großes Boot.
Es treibt durch Sturm und Wellen.
Hilft einer in dem Boot
dem andern in der Not,
ja, dann sitzt Gott
mit uns im Boot.
Und es wird nicht zerschellen.

Den Tisch, den Baum, das Feld, das Boot
hat Gott uns übergeben.
Wenn jeder etwas rückt,
den andern nicht erdrückt
und nimmt und gibt
und teilt und liebt,
dann kann ein jeder leben.

ROLF KRENZER

Gott, du gibst uns Kraft zum Leben,
schenkst uns Freude, machst uns Mut.
Segne uns und unser Essen,
deine Liebe tut uns gut.

RITA EFINGER-KELLER

Schön, dass wir zusammen essen.
Gut schmeckt, was es heute gibt.
Danke allen für das Essen.
Wunderbar, wie Gott uns liebt.

Komm, Herr Jesus,
sei unser Gast
und segne,
was du uns bescheret hast.

Heute hab ich doch vergessen,
dir zu danken vor dem Essen!
Magen voll und Teller leer,
so danke ich halt hinterher.

Von Gott kommt alles her

as nah ist und was ferne,
von Gott kommt alles her,
der Strohhalm und die Sterne,
das Sandkorn und das Meer.

Von ihm sind Büsch' und Blätter,
und Korn und Obst von ihm,
von ihm mild Frühlingswetter
und Schnee und Ungestüm.

Er lässt die Sonn' aufgehen,
er stellt des Mondes Lauf.
Er lässt die Winde wehen,
er tut den Himmel auf.

Er schenkt uns so viel Freude,
er macht uns frisch und rot,
er gibt den Kühen Weide
und unsern Kindern Brot.

MATTHIAS CLAUDIUS

Wir blicken links, wir blicken rechts.
Wir halten uns an den Händen fest.
Wir danken Gott für seine guten Gaben.
Wir wollen gemeinsam Amen sagen.

BRIGITTE GROSSMANN

Barmherziger Vater,
sättige alle in der Welt, die hungern
nach Brot, Gerechtigkeit und Leben.
Segne unsere Tischgemeinschaft
und öffne unsere Herzen,
dass wir miteinander teilen.

AUS INDIEN

Gott, du Quelle alles Guten,
du Spender allen Segens.
Lass uns dankbar essen und trinken,
damit wir Kraft haben,
Gutes zu tun.

AUS NAMIBIA

Herr Jesus Christus,
wir danken für dieses Mahl.
Öffne unser Herz für alle,
die hungern und Not leiden.

AUS THAILAND

Guter Gott,
durch deine Güte leben wir,
und was wir haben, kommt von dir.
Drum lass uns auch an andre denken,
von deinen Gaben weiterschenken.

Du hast uns satt gemacht

Mein Frühstücksei hat gut geschmeckt,
es war auch prima abgeschreckt.
Wir aßen alles ohne Streit
und danken dir für diese Zeit.

ERWIN GROSCHE

Als Gott den Menschen schuf,
schuf er Weisheit;
als er die Weisheit schuf,
schuf er Brüderlichkeit.
Segne, o Herr, alle Dinge,
die dem Menschen zum Leben helfen.
Gesegnet sei das Wasser, das wir trinken.
Gesegnet sei die Speise, die wir essen.
Gesegnet seien die Menschen,
die uns im Leben helfen.

JÜDISCHES GEBET

Sei gesegnet, Herr, unser Gott, König des Alls, der aus der Erde Brot wachsen lässt.

JÜDISCHES TISCHGEBET

Gott sei Dank

Gott will uns speisen,
Gott will uns tränken,
nun lasst uns still die Augen senken
und aller seiner Gäste gedenken:
dem Hasen im Klee,
dem Fisch im See,
die Bienen im Honigduft,
die Schwalbe in Himmelsluft,
das Nest im Dorn,
das Mäuschen im Korn,
der Frösche im Teich,
ob arm und reich,
Wiese und Wald,
jung und alt,
Menschen und Tiere,
groß und klein,
alle lädt er zu seinem Tische ein.
Allen gibt er Speise und Trank,
für alle sage ich: Gott sei Dank!

Du gibst uns Kleid und Brot,
du stillst des Leibes Not,
gibst Sonnenschein und Regen.
Hab Dank für allen Segen.

Wir wollen danken für unser Brot.
Wir wollen helfen in aller Not.
Wir wollen schaffen;
die Kraft gibst du.
Wir wollen lieben;
Herr, hilf dazu.

Herr, speise uns mit deinen guten Gaben
und sättige uns durch deinen Segen.

Jedes Tierlein kriegt sein Essen,
jedes Blümchen trinkt von dir,
hast auch unser nicht vergessen,
lieber Gott, wir danken dir!

Für Leib und Seele

Dir, Herr, verdanken wir,
dass wir auf dieser Erde leben.
Du lässt uns atmen hier,
hast uns das Brot gegeben.
Belebst mit Liebe heut',
die unsre Seel erfreut.
So sagen wir dir Dank
für alle Speis und frischen Trank.

KURT RAINER KLEIN

Gott gebe mir nur jeden Tag,
so viel ich brauch zum Leben.
Er gibt's dem Sperling auf dem Dach;
wie sollt er mir's nicht geben.

Liebender Gott!
Es ist schön, wenn wir mit Menschen,
die wir mögen,
gemeinsam zum Essen versammelt sind.
Dann spüren wir, wie gut du es mit uns meinst.
Auch heute sind wir zusammen an diesem Tisch.
Segne du unsere Gemeinschaft und unser Essen.

RAINER-MATTHIAS MÜLLER

Wir danken für die Essenskocher,
die uns das Essen kochen.
Und dass das Essen gut sein wird,
das haben wir gerochen.

Mit Liebe wurde für uns heut
das Essen zubereitet.
Wir wissen das, weil unser Gott
mit Liebe alles leitet.

Drum essen wir in Demut auf,
bis wir ganz satt uns fühlen,
und danken Gott für dieses Mahl
und helfen nachher spülen.
Amen

ERWIN GROSCHE

L iebender Gott,
wir danken dir,
denn du gibst Essen für Mensch und Tier.
Du gibst auch den Pflanzen Regen,
schenke uns nun deinen Segen.

Wir bitten, Herr, sei unserm Haus
ein steter Gast, tagein, tagaus,
und hilf, dass wir der Gaben wert,
die deine Güte uns beschert.

Guter Gott, wir danken leise
für die schönste Gottesspeise.
Ist es draußen richtig heiß,
guter Gott, schenkst du uns Eis.

Guter Gott, wir danken leise
für die schönste Gottesspeise,
die erfrischt die ganze Welt
und den Kindern so gefällt.

Guter Gott, dass du dies gibst,
zeigt uns auch, dass du uns liebst.
Manches stört uns auch im Leben,
darum muss es Freude geben.

ERWIN GROSCHE

Frühstücksgebet

Wir danken dir, du lieber Gott,
heut' morgen für das Frühstücksbrot.
Und dass wir Marmelade haben,
auch Honig, Milch und andre Gaben.
Hab Dank für alles, was du gibst,
und dass du uns von Herzen liebst.

SANDRA SALM

Tischgebet zum Mittagessen

Lasst uns miteinander essen,
und Gott zu danken nicht vergessen:
Danke für die guten Sachen,
die uns satt und fröhlich machen.
Du, lieber Gott, schenkst Korn und Samen.
Wir wollen uns nun dran freuen. Amen.

SANDRA SALM

Für den Fisch auf unserm Tisch
danken wir und beten:
Danke, Gott, dass es Fisch gibt
und nicht so viele Gräten.

ERWIN GROSCHE

Tischgebet zum Abend

Danke für den gedeckten Tisch,
für leckres Essen, reichlich und frisch.
Wie gut, dass wir wieder beisammen sind,
die ganze Familie, Eltern und Kind.
Hab Dank für diese Abendstunde,
schenk deinen Segen unsrer Runde.

SANDRA SALM

O Gott, von dem wir alles haben,
wir preisen dich für deine Gaben.
Du segnest uns, weil du uns liebst,
drum segne auch, was du uns gibst.

Herr, du hast mit den Jüngern gegessen
und an vielen Tischen gesessen.
Du hast dich auch hier und jetzt
unsichtbar zu uns gesetzt.
Teile das Brot des Lebens aus,
segne unser ganzes Haus.

Gebet zum Teilen

Ich geb dir was ab,
ich hab so viel.
In seiner Güte
denkt Gott an uns beide.

ERWIN GROSCHE

Gesegnete Mahlzeit, guten Appetit,
wir danken für das Essen,
dass es hier heute gibt.
Wir danken unserm Vater,
dass er auch Nachtisch liebt.
Gesegnete Mahlzeit, guten Appetit.

ERWIN GROSCHE

Wir gehen, Herr, zum Essen
und wollen nicht vergessen,
dass wir die guten Gaben
aus deinen Händen haben.

Das Brot ist warm und frisch,
das Wasser kühl und klar.
Herr allen Lebens, sei mit uns,
Herr allen Lebens, sei uns nah.

Wir leben nicht vom Brot allein.
Es muss dein Wort auch bei uns sein.
Wir danken dir, dass du uns liebst
und uns dies beides täglich gibst.

Von deiner Gnad, Herr, leben wir,
und was wir haben, kommt von dir.
Drum sagen wir dir Dank und Preis,
tritt segnend ein in unsern Kreis.

Du gibst uns, Gott, durch Speis und Trank
Gesundheit, Kraft und Leben.
Wir nehmen hin mit frohem Dank
auch was du jetzt gegeben.

Gib uns unser täglich Brot,
hilf allen Menschen in der Not.
Lass uns, Herr, beim Trinken, Essen
deiner Güte nicht vergessen.
Teil uns deine Liebe aus,
füll mit Frieden Herz und Haus.

Herr, segne unser täglich Brot,
so sind wir wohl geborgen.
Hilf allen Menschen in der Not
und allen, die sich sorgen.

VERLAGSGRUPPE PATMOS

PATMOS
ESCHBACH
GRÜNEWALD
THORBECKE
SCHWABEN

Die Verlagsgruppe
mit Sinn für das Leben

Für die Schwabenverlag AG ist Nach-
haltigkeit ein wichtiger Maßstab ihres
Handelns. Wir achten daher auf den
Einsatz umweltschonender Ressourcen
und Materialien. Dieses Buch wurde auf
FSC®-zertifiziertem Papier gedruckt.
FSC (Forest Stewardship Council®) ist
eine nicht staatliche, gemeinnützige
Organisation, die sich für eine ökologische
und sozial verantwortliche Nutzung der
Wälder unserer Erde einsetzt.

Gestaltung: Finken & Bumiller, Stuttgart
Illustration: Rita Efinger-Keller
Druck: Firmengruppe APPL, Wemding
Hergestellt in Deutschland
ISBN 978-3-8436-0161-0

Textnachweis

Erwin Grosche: Mein Frühstücksei.../Wir danken für die.../Guter Gott, wir danken... aus: Erwin Grosche, Du bist für uns da. 250 Kindergebete, mit Illustrationen von Dagmar Geisler © 2007 by Gabriel Verlag (Thienemann Verlag GmbH), Stuttgart/Wien. www.gabriel-verlag.de
Erwin Grosche: Für den Fisch.../Ich geb dir.../Gesegnete Mahlzeit, aus: Erwin Grosche, Du machst mich froh. Das große Buch der Kindergebete, mit Illustrationen von Alison Jay © 2002 by Gabriel Verlag (Thienemann Verlag GmbH), Stuttgart/Wien. www.gabriel-verlag.de
Brigitte Grossmann: Wir blicken links... aus: Brigitte Grossmann, Danke! 150 Tischgebete für die ganze Familie © St. Benno-Verlag Leipzig, www.st-benno.de, ISBN 978-3-7462-2576-0
Kurt Rainer Klein: Für Leib und Seele... aus: Ders., Du bist unser Weg. Das Pilger-Werkbuch © Verlag Herder GmbH, Freiburg im Breisgau, 2009, S. 49
Rolf Krenzer: Die Erde ist ein großer Tisch: Text: Rolf Krenzer, Musik: Siegried Fietz, aus: Die Erde ist ein großer Tisch, Nr. 079 © ABAKUS Musik Barbara Fietz, 35753 Greifenstein
Rainer-Matthias Müller: Liebender Gott!/Es ist schön... aus: Ders., Gesegnete Mahlzeit! Neue Tischgebete © Matthias-Grünewald-Verlag, Mainz 2002
Texte von Sandra Salm aus: Lieber Gott, ich freu mich so, © Schwabenverlag, Ostfildern 2009; Dies.: Sei bei mir, lieber Gott, © Schwabenverlag, Ostfildern 2010
Ursula Scheffler: Herr, segne uns... © Rechte bei der Autorin